Ed Ruscha

Explorando la Intersección de Palabras e
Imágenes

Antonin Paulin-Leclerc

Tabla de Contenido:

Introducción

El arte tiene la notable capacidad de trascender el tiempo y el espacio, invitándonos a percibir el mundo a través de una lente diferente, cuestionar las normas y explorar las profundidades de la creatividad humana. Imagina entrar en una galería rodeada de una cautivadora exhibición de obras de arte que desafían tu percepción y te instan a adentrarte más profundamente en su significado. Una experiencia de este tipo recientemente capturó la atención de un estadounidense intrigado, quien, después de visitar una exposición del arte de Ed Ruscha, se encontró cautivado por la intersección de palabras e imágenes, un espacio donde el lenguaje y la expresión visual se entrelazan.

Ed Ruscha, un nombre que resuena con innovación e ingenio artístico, se erige como un faro de creatividad en el paisaje del arte contemporáneo. Desde sus inicios en Omaha, Nebraska, hasta su surgimiento como figura fundamental en la escena del arte del sur de California, el viaje de Ruscha es uno que atraviesa límites convencionales y redefine la relación entre el arte y el lenguaje. Este libro busca iluminar la brillantez multifacética de la carrera artística de Ed Ruscha, ofreciendo una exploración exhaustiva de su vida, influencias y la evolución de su estilo distintivo.

En las páginas siguientes, emprenderemos un viaje que nos llevará desde los años formativos de Ruscha hasta su profundo impacto en el mundo del arte. Nos adentraremos en su papel pionero dentro del movimiento del Arte Pop, donde fusionó texto e imágenes de maneras que desafiaron las normas artísticas convencionales. Recorreremos los paisajes de su arte, tanto literales como conceptuales, explorando su fascinación por el Oeste estadounidense y su capacidad para transformar temas cotidianos en narrativas visuales extraordinarias. A través de un análisis en profundidad de sus técnicas artísticas y medios, descubriremos los matices que hacen que el trabajo de Ruscha sea tan inherentemente cautivador.

Además, este libro profundizará en el legado que Ed Ruscha ha dejado atrás, examinando su influencia en generaciones posteriores de artistas y las formas en que su enfoque innovador sigue dando forma a las prácticas artísticas contemporáneas. Al comprender las contribuciones de Ruscha, obtenemos una visión no solo de su destreza artística, sino también del diálogo más amplio entre cultura, lenguaje y representación visual que su obra encapsula.

Mientras nos embarcamos en este viaje, abramos nuestras mentes al fascinante mundo de Ed Ruscha, un espacio donde las palabras trascienden sus fronteras lingüísticas y se fusionan armoniosamente con las imágenes para crear una sinfonía de arte provocador y visualmente impactante. Así como el visitante estadounidense a la exposición se vio atraído por este mundo, nosotros también nos sumergiremos en el genio de un artista que desafió las convenciones y reimaginó la esencia misma de la expresión artística.

Capítulo 1: Primeros Años e Influencias

En las tranquilas calles de Omaha, Nebraska, un joven llamado Ed Ruscha emprendió un viaje que finalmente lo llevaría al frente de la escena artística contemporánea. Nacido el 16 de diciembre de 1937, la crianza de Ruscha estuvo marcada por el encanto modesto del Medio Oeste estadounidense. El paisaje, la arquitectura vernácula y las sutilezas culturales de su entorno encontrarían más tarde resonancia en sus esfuerzos artísticos.

Las inclinaciones artísticas tempranas de Ruscha comenzaron a tomar forma incluso antes de que dejara los límites de Omaha. Su fascinación por el dibujo y una creciente curiosidad por el mundo que lo rodeaba sentaron las bases para sus actividades creativas. Cuando era adolescente, encontró consuelo en el acto de dibujar, permitiendo que su imaginación fluyera libremente en las páginas de sus cuadernos de bocetos. Este período de autodescubrimiento plantó las semillas de lo que más tarde se convertiría en su distintiva voz artística.

Influencias, tanto locales como más allá, desempeñaron un papel fundamental en la formación de la sensibilidad artística de Ruscha. Los paisajes del Oeste estadounidense, con sus horizontes expansivos y cielos vastos, dejaron una marca indeleble en su memoria visual. Estas escenas de desolación y grandeza encontrarían más tarde expresión en sus obras de arte, ya que capturaba magistralmente la esencia de la experiencia estadounidense.

A medida que las aspiraciones artísticas de Ruscha crecían, su mirada se dirigía hacia el corazón palpitante del mundo del arte: el sur de California. El atractivo de la vibrante escena cultural de la región, la emergente Generación Beat y el incipiente movimiento del Arte Pop lo llamaron. Con una mezcla de temor y emoción, dejó atrás los paisajes familiares de Omaha y fijó su mirada en Los Ángeles.

La escena artística del sur de California, con su ecléctica mezcla de artistas vanguardistas y pensadores experimentales, proporcionó a Ruscha un terreno fértil para la exploración. Se encontró con una comunidad que valoraba la innovación y abrazaba enfoques no convencionales para la creación artística. Este entorno nutrió su espíritu creativo y lo alentó a traspasar los límites de la expresión artística.

El impacto del sur de California en el trabajo de Ruscha no puede subestimarse. La yuxtaposición del glamour de Hollywood y la aspereza de la vida urbana, la cultura consumista y la siempre presente cultura del automóvil encontraron su camino en su repertorio artístico. Sus agudas observaciones del paisaje urbano, donde los carteles publicitarios y los letreros de neón dominaban el horizonte, se manifestarían más tarde como elementos intrínsecos en su arte.

En conclusión, el primer capítulo del viaje de Ed Ruscha revela las raíces de su visión artística. Desde las modestas calles de Omaha hasta la energía bulliciosa del sur de California, sus años formativos e influencias moldearon la base sobre la cual construiría su legado artístico. Los próximos capítulos profundizarán en su transformación dentro de las dinámicas corrientes del mundo del arte, donde se convertiría en un pionero en la fusión de palabras e imágenes, alterando para siempre el panorama artístico.

Capítulo 2: Arte Pop y Lenguaje

En medio de la revolución cultural que barrió el mundo del arte en la década de 1960, Ed Ruscha emergió como una figura fundamental dentro del movimiento del Arte Pop. Este capítulo profundiza en su asociación con este movimiento artístico transformador y en cómo fusionó ingeniosamente los ámbitos del texto e imagen para crear obras de arte que desafiaron percepciones y encendieron el discurso.

El movimiento del Arte Pop, caracterizado por su celebración de la cultura de masas, el consumismo y lo cotidiano, proporcionó a Ruscha un terreno fértil para explorar sus visiones artísticas. Las obras de Ruscha, a menudo ejecutadas con una estética aparentemente distante, resonaron con el ethos del movimiento. Su lienzo se convirtió en un escenario para lo mundano y pasado por alto, transformado en declaraciones visuales conmovedoras que cuestionaban los límites entre el arte alto y bajo.

En el núcleo de la brillantez artística de Ruscha estaba su pionera exploración de la interacción entre palabras e imágenes. En una fusión que desafiaba las normas artísticas convencionales, fusionó sin esfuerzo el texto con elementos visuales, creando un diálogo dinámico que invitaba a los espectadores a contemplar las relaciones entre el lenguaje, la comunicación y la representación visual. Esta unión de palabras e imágenes trascendió las limitaciones de la mera descripción, transformándose en un lenguaje visual único que capturaba la esencia de la época.

Una característica distintiva del enfoque de Ruscha fue su uso del texto tanto como sujeto como medio. Sus obras a menudo presentaban palabras o frases aisladas de sus contextos habituales, presentándolas como objetos visuales que exigían contemplación. Desde "OOF" hasta "Standard Station", estas palabras y frases enigmáticas se convirtieron en portadoras de significado, abiertas a la interpretación y cargadas de connotaciones culturales. Esta transformación del texto en forma visual desafiaba a los espectadores a enfrentar el poder del lenguaje como un elemento visual.

Central en la exploración de Ruscha del lenguaje e imagen se encuentran obras clave que son testimonio de su ingenio creativo. "Twenty-Six Gasoline Stations," su innovador libro de artista, presentaba fotografías de estaciones de gasolina acompañadas de breves leyendas. Esta obra marcó un punto de inflexión en su carrera, demostrando su capacidad para transformar lo mundano en una plataforma de expresión artística.

"Large Trademark with Eight Spotlights" ejemplificaba aún más la maestría de Ruscha al combinar palabras e imágenes. En esta obra, una sola palabra destacaba contra un fondo de paisaje urbano, subrayando el impacto de las palabras como símbolos y significados. La yuxtaposición de la escala y el contenido alentaba a los espectadores a reflexionar sobre la interacción entre el lenguaje, el comercio y los mensajes sociales.

En conclusión, el Capítulo 2 revela la relación simbiótica de Ed Ruscha con el movimiento del Arte Pop y su innovadora fusión de texto e imagen. Al explorar las obras clave que definen este capítulo de su carrera, vislumbramos el nacimiento de un vocabulario visual que trasciende las fronteras lingüísticas. La exploración de Ruscha del lenguaje como arte y su diálogo con el mundo visual sentaron las bases de su legado perdurable como un artista que se atrevió a cuestionar, desafiar y redefinir la esencia misma de la comunicación artística.

Capítulo 3: El Arte de lo Cotidiano

En medio de la cacofonía de movimientos artísticos que definieron el siglo XX, Ed Ruscha se abrió camino al defender lo ordinario, elevando lo mundano al ámbito del arte. Este capítulo explora la fascinación de Ruscha por lo cotidiano, su enfoque distintivo para transformar sujetos comunes y las obras de arte específicas que encapsulan este sello distintivo de su estilo.

La obra de Ruscha es un homenaje a lo cotidiano. Donde otros veían lo mundano y pasado por alto, él veía un potencial poético. Su aguda mirada convertía objetos cotidianos en narrativas visuales que trascendían sus orígenes cotidianos. Esta celebración de lo cotidiano aportaba una perspectiva fresca al mundo del arte, invitando a los espectadores a reconsiderar los elementos pasados por alto de su entorno.

Central en el enfoque de Ruscha estaba su habilidad para dotar de grandiosidad a los objetos cotidianos. Los liberaba de sus funciones utilitarias, convirtiéndolos en protagonistas en el lienzo de la vida contemporánea. Al hacerlo, desafiaba las definiciones convencionales de la materia artística, provocando conversaciones sobre lo que constituye el arte. Su enfoque resonaba con el ethos mismo del Arte Pop, invitando a los espectadores a interactuar con lo producido en masa y lo ordinario.

Obras de arte específicas encarnan este aspecto del estilo de Ruscha, ninguna más emblemática que "Every Building on the Sunset Strip" (Cada Edificio en la Franja de Sunset). Este libro fotográfico, que consiste en una tira continua de imágenes documentando ambos lados de una calle de Los Ángeles, es un tapiz visual de lo mundano. En su progresión secuencial, Ruscha captura magistralmente la monotonía arquitectónica y la expansión suburbana del paisaje urbano. Esta obra desafía al espectador a contemplar la belleza inherente en la repetición cotidiana de la vida urbana.

Otro ejemplo es "Standard Station" (Estación Estándar). Esta icónica pintura transforma una simple estación de servicio en un símbolo del consumismo y el progreso estadounidense. La gasolinera, un elemento básico de la vida moderna, se convierte en un vehículo para que Ruscha comente sobre la intersección de comercio, movilidad y lo cotidiano. A través de una meticulosa atención al detalle, inmortaliza lo cotidiano, invitándonos a ver lo extraordinario en lo familiar.

"Trash" (Basura), una serie de pinturas que representan objetos desechados, habla del compromiso de Ruscha de convertir lo insignificante en algo notable. Al representar la basura con meticuloso detalle, fomenta la reflexión sobre la cultura del consumismo, el desperdicio y la huella humana en el medio ambiente. Estas obras animan a los espectadores a reconsiderar su relación con lo desechado y lo olvidado.

En conclusión, el Capítulo 3 profundiza en la capacidad de Ed Ruscha para transformar lo cotidiano en arte. A través de su lente, los sujetos cotidianos adquieren nueva importancia, provocando diálogos sobre estética, consumo y valores sociales. Al explorar obras de arte específicas que encapsulan este aspecto de su estilo, obtenemos una visión de cómo la perspectiva innovadora de Ruscha reformuló nuestra comprensión de la artesanía inherente en lo cotidiano.

Capítulo 4: Arte Conceptual y Más Allá

A medida que los vientos de la experimentación artística barrieron los años 1960 y 1970, Ed Ruscha emprendió un viaje transformador hacia el ámbito del arte conceptual. Este capítulo profundiza en su audaz transición, las formas en que desafió las normas artísticas convencionales y el profundo significado de sus destacadas obras conceptuales.

La transición de Ruscha al arte conceptual se caracterizó por un alejamiento de la representación visual tradicional. Dirigió su atención lejos de la representación meticulosa de objetos y paisajes para explorar el poder de las ideas, el lenguaje y el proceso. Este cambio desafió a los espectadores a enfrentar la esencia misma del arte y su relación con el ámbito conceptual.

La obra de Ruscha se convirtió en un lienzo para la exploración del lenguaje, la percepción y la capacidad de la mente para construir significado. Su libro "Every Page from a Twentysix Gasoline Stations" (Cada Página de Veintiséis Estaciones de Gasolina) lleva el concepto de un libro a un nuevo nivel, cuestionando la estructura narrativa y desafiando nuestras suposiciones sobre la narración. Al transformar cada página en una obra de arte independiente, Ruscha invita a la contemplación sobre la secuencia de imágenes y el papel del contexto en la interpretación del significado.

"Royal Road Test" (Prueba de la Carretera Real) ejemplifica su enfoque de empujar los límites. En este proyecto, Ruscha arrojó una máquina de escribir desde un automóvil en movimiento, permitiendo que creara una composición aleatoria en un rollo de papel. Este acto conceptual captura la intersección de la intención artística y la serendipia, desafiando la idea de autoría y control en el proceso creativo. El rollo resultante de texto e imágenes se convierte en una representación visual de la aleatoriedad y la naturaleza impredecible del arte.

La incursión de Ruscha en el arte conceptual también incluyó su exploración del lenguaje como un medio maleable. Su serie "Crackers" (Galletas) consta de pinturas que replican pedazos de papel arrugado, cada uno con una sola palabra. A través de estas obras, Ruscha fomenta la reflexión sobre la fragilidad de la comunicación, la efímera naturaleza de las palabras y la maleabilidad del significado.

"Chocolate Room" (Sala de Chocolate) lleva su exploración conceptual a tres dimensiones. Esta instalación invita a los espectadores a sumergirse en una sala completamente cubierta de chocolate, enfrentándolos a una experiencia sensorial que cruza la brecha entre el arte y la realidad. Esta obra desafía las nociones tradicionales de representación artística, involucrando al espectador en un encuentro visceral con la materialidad del arte.

En conclusión, el Capítulo 4 profundiza en la audaz transición de Ed Ruscha al mundo del arte conceptual, donde las ideas, el lenguaje y el proceso tomaron precedencia sobre la representación visual tradicional. A través de su enfoque innovador, cuestionó las nociones establecidas del arte e invitó a los espectadores a interactuar con el arte de formas nuevas y provocadoras. Al analizar obras conceptuales significativas, obtenemos una visión de cómo la evolución artística de Ruscha empujó los límites de la expresión artística y reformuló nuestra comprensión de la creatividad misma.

Capítulo 5: Paisajes y el Oeste Americano

El viaje artístico de Ed Ruscha a menudo encontró resonancia en los vastos paisajes del Oeste Americano, donde los entornos urbanos y naturales convergieron en una sinfonía de narrativas visuales. Este capítulo profundiza en la fascinación de Ruscha por estos paisajes, su exploración de su naturaleza en constante evolución y el profundo significado de obras de arte específicas que encapsulan su compromiso con estos temas.

La representación de los paisajes de Ruscha no se limitó a las tradicionales escenas pastorales; más bien, abarcó todo el espectro de entornos urbanos y naturales. Sus lienzos se convirtieron en espejos que reflejaban la naturaleza en constante evolución del Oeste Americano, desde las extensas autopistas hasta las calles de la ciudad. Su lente artística capturó la dicotomía entre la grandeza de la naturaleza y el progreso humano, ofreciendo a los espectadores una perspectiva matizada del cambiante paisaje estadounidense.

A través de los ojos de Ruscha, el Oeste Americano se convirtió en un lienzo para examinar la tensión entre el atractivo de la naturaleza intocada y la invasión de la civilización. Su obra "Dutch Details" ejemplifica este tema, presentando representaciones meticulosas de detalles aparentemente ordinarios en la naturaleza, pero que al observar más de cerca, revelan las cicatrices de la intervención humana. Esta yuxtaposición lleva a los espectadores a reflexionar sobre el delicado equilibrio entre la preservación y el desarrollo.

Su icónica "Los Angeles County Museum on Fire" ofrece un comentario conmovedor sobre la fragilidad de las instituciones culturales dentro del paisaje urbano. Mientras el museo es consumido por las llamas, la obra cuestiona la efímera naturaleza incluso de los símbolos más venerados de la civilización. Esta pieza sirve como metáfora visual de la vulnerabilidad de los logros humanos ante las fuerzas impredecibles de la naturaleza.

En "Mirage", Ruscha se enfrenta a la ilusoria atracción del desierto estadounidense. Esta serie captura la cualidad efímera de los espejismos, las ilusiones ópticas que tientan y desconciertan a los viajeros. A través de su exploración de estos paisajes ilusorios, Ruscha subraya la naturaleza transitoria de la percepción y la belleza fugaz de los entornos que moldean nuestras experiencias.

La resonancia artística del Oeste Americano culmina en obras como "Desert Parking Lots"

(Estacionamientos en el Desierto) y "Actual Size" (Tamaño Real). En la primera, la cámara de Ruscha captura los extensos espacios de asfalto que puntean el desierto, reflejando el impacto de la modernidad en el terreno virgen. En la segunda, presenta objetos a escala 1:1, invitando a los espectadores a interactuar con ellos de manera tangible e íntima. Estas obras encapsulan su compromiso con los paisajes, destacando la belleza y complejidad del Oeste Americano.

En conclusión, el Capítulo 5 descubre la profunda conexión de Ed Ruscha con los paisajes del Oeste Americano. A través de su arte, documentó la relación en constante evolución entre la naturaleza y la civilización, invitando a los espectadores a contemplar la intrincada interacción entre ambas. Al analizar obras de arte específicas que encarnan esta exploración, obtenemos una visión de cómo la lente artística de Ruscha capturó el espíritu del Oeste Americano, revelando sus complejidades y matices para que todos los vean.

Capítulo 6: Técnicas Artísticas y Medios

La brillantez artística de Ed Ruscha va más allá de su exploración temática; se extiende a su maestría en diversas técnicas y medios que dan vida a sus conceptos. Este capítulo profundiza en el enfoque multifacético de Ruscha hacia la artesanía, que abarca la pintura, la fotografía, la impresión y más. Exploramos su experimentación innovadora y cómo la elección de medios contribuye a la resonancia e impacto de su obra.

El viaje artístico de Ruscha se caracteriza por su versatilidad en los medios, un rasgo que desafía la categorización. En el corazón de su enfoque yace una profunda curiosidad y un deseo insaciable de explorar nuevos horizontes. Transita sin problemas entre los medios, cada uno actuando como un lienzo para su visión y expresión únicas.

La pintura ocupa un lugar significativo en el repertorio de Ruscha, epitomizado por obras como "Standard Station" (Estación Estándar) y "Large Trademark with Eight Spotlights" (Gran Marca con Ocho Focos). Su meticuloso uso del color, la forma y la composición transmite una precisión estética que resuena con las imágenes de la cultura pop que busca amplificar. Las pinceladas deliberadas y la atención al detalle en sus pinturas sirven como contrapunto a los sujetos aparentemente mundanos que retrata.

La fotografía, otro aspecto integral de su arte, le permite capturar la inmediatez de su entorno. Su libro fotográfico "Every Building on the Sunset Strip" (Cada Edificio en la Franja de Sunset) ejemplifica su exploración innovadora del medio. A través de la cuidadosa disposición de imágenes secuenciales, construye una narrativa que se desenvuelve a medida que los espectadores interactúan con el libro. El medio de la fotografía se convierte en un vehículo para contar historias e invita a los espectadores a convertirse en participantes activos en el arte.

La incursión de Ruscha en la impresión demuestra aún más su espíritu experimental. Su uso de técnicas de litografía y serigrafía agrega profundidad y textura a sus obras, enriqueciendo su impacto visual. "Sin" y "News, Mews, Pews, Brews, Stews, and Dues" son emblemáticos de su compromiso con la impresión, mostrando su maestría en la traducción de su visión artística en diferentes superficies.

La elección del medio no es arbitraria; contribuye significativamente a la interpretación e impacto de su obra. En "Twenty-Six Gasoline Stations" (Veintiséis Estaciones de Gasolina), la fotografía en blanco y negro desnuda distracciones, centrándose en el tema e invitando a la contemplación sobre las estructuras mundanas y utilitarias. Por otro lado, su audaz uso del color en pinturas como "Standard Station" atrae la atención hacia el atractivo visual de lo cotidiano.

En conclusión, el Capítulo 6 revela la versatilidad de Ed Ruscha en técnicas artísticas y medios. Su destreza en la pintura, la fotografía y la impresión refleja su compromiso de transmitir sus ideas con precisión e innovación. La elección del medio se convierte en un lenguaje matizado a través del cual se comunica con los espectadores, subrayando la conexión integral entre forma y concepto en su expresión artística.

Capítulo 7: Legado e Influencia

El viaje artístico de Ed Ruscha no se limita al lienzo; se extiende a los anales de la historia del arte y la profunda influencia que ha ejercido en el panorama del arte contemporáneo. Este último capítulo profundiza en el duradero legado de Ruscha, su uso revolucionario de texto e imagen y el efecto dominó que ha inspirado a generaciones de artistas.

El impacto de Ruscha en el arte contemporáneo es innegable, resonando mucho más allá de las fronteras de su tiempo. Su innovadora fusión de lenguaje e imagen redefinió las posibilidades de la expresión artística. Al derribar las barreras entre lo visual y lo textual, creó un diálogo que continúa desafiando las convenciones tradicionales.

El efecto dominó de la influencia de Ruscha se puede ver en las obras de innumerables artistas que han seguido sus pasos. Su exploración de lo mundano y lo cotidiano sentó las bases para una nueva perspectiva estética, una que celebra la belleza en lo ordinario. Artistas como Barbara Kruger y Jenny Holzer han adoptado el uso de texto de Ruscha, utilizando el lenguaje como una herramienta para criticar la cultura de consumo y las normas sociales.

En el ámbito de la fotografía, la secuenciación de imágenes de Ruscha en "Every Building on the Sunset Strip" allanó el camino para la fotografía conceptual y artistas como Sophie Calle, que utilizan la narrativa visual para explorar emociones y experiencias complejas. Su enfoque interdisciplinario de los medios inspiró a artistas como Matthew Barney a experimentar con una variedad de técnicas y materiales para transmitir sus narrativas.

La influencia de Ruscha no se limita a los Estados Unidos; resuena a nivel mundial. Artistas europeos como Martin Creed y Tracey Emin se han inspirado en su exploración de lo cotidiano, contribuyendo a una conversación más amplia sobre la naturaleza universal de lo mundano y su potencial artístico.

Los artistas contemporáneos continúan lidiando con los temas que Ruscha introdujo: el consumismo, el lenguaje, los paisajes urbanos y la naturaleza cambiante del arte en sí. Su legado es evidente en el diálogo continuo que rodea la intersección de palabras e imágenes en un mundo en constante cambio.

En conclusión, el Capítulo 7 revela el impacto duradero de Ed Ruscha en el arte contemporáneo. Su uso innovador de texto e imagen ha inspirado a generaciones de artistas a romper barreras, cuestionar convenciones y reimaginar las posibilidades de la expresión artística. A través de la exploración de artistas que han sido influenciados por el legado de Ruscha, obtenemos una visión de la continua relevancia de sus ideas y la profunda huella que ha dejado en el lienzo siempre cambiante del mundo del arte.

Conclusión

A medida que concluimos este viaje a través de la vida y la artesanía de Ed Ruscha, nos encontramos inmersos en un mundo donde el lenguaje e la imagen convergen, donde lo ordinario se convierte en extraordinario y donde los límites artísticos se empujan hasta sus límites. Ed Ruscha, un visionario que desafió las convenciones y reformuló la trayectoria del arte contemporáneo, deja una marca indeleble que trasciende el tiempo y la geografía.

El viaje de Ruscha desde sus años formativos en Omaha, Nebraska, hasta las bulliciosas calles del sur de California, reveló una curiosidad incansable y un deseo inquebrantable de cuestionar, desafiar y evolucionar. A través de cada capítulo de su exploración artística, fuimos testigos de su transformación de un observador curioso de lo cotidiano a un pionero que utilizaba el texto y las imágenes como poderosos instrumentos de comunicación artística.

Su asociación con el movimiento Pop Art, su fascinación por los paisajes del Oeste Americano, su incursión en el arte conceptual y su dominio de diversos medios artísticos desvelaron una trayectoria creativa que recorrió un rico tapiz de ideas. La capacidad de Ruscha para transformar lo común en lo extraordinario y desafiar nuestra comprensión de la forma y la función del arte se convirtió en su legado perdurable.

La influencia de Ruscha, amplia y profunda, continúa resonando en las obras de artistas contemporáneos que encuentran inspiración en su innovación. Su pionera exploración del lenguaje como elemento visual, su celebración de lo cotidiano y su valiente experimentación con medios resuenan en los pasillos de las galerías de arte y en los lienzos de los talentos emergentes.

En conclusión, el viaje de Ed Ruscha encapsula la esencia misma de la evolución artística: una búsqueda incansable de nuevas ideas, un enfrentamiento valiente con lo ordinario y un compromiso inquebrantable con la expansión de los horizontes de la creatividad. Al reflexionar sobre su obra de toda la vida, recordamos que las intersecciones entre palabras e imágenes no son simples cruces; son terrenos fértiles donde la imaginación florece, donde los diálogos se encienden y donde el arte emerge como un testimonio atemporal de la capacidad del espíritu humano para la innovación y la expresión.

Que el legado de Ed Ruscha continúe inspirando, provocando y cautivando, invitándonos a todos a reimaginar el mundo que nos rodea a través de la lente de la exploración artística. Así como el visitante estadounidense a su exposición quedó cautivado, permítanos, también, ser transformados para siempre por el genio de un artista que se atrevió a cuestionar, desafiar e iluminar las posibilidades ilimitadas de la visión artística.

www.ingramcontent.com/pod-product-compliance
Lightning Source LLC
Chambersburg PA
CBHW072228290526

45794CB00007B/2939